Mmmmmmuffins

schmecken unübertroffen – besonders frisch aus dem Backofen und noch warm. Sie sind ganz leicht und schnell zu backen: Einen einfachen Rührteig in Förmchen füllen, in den Ofen damit, und in 20 Minuten sind sie schon fertig. Jedes Rezept ergibt etwa 12 duftende kleine Kuchen.

Die Temperaturstufen bei Gasherden variieren von Hersteller zu Hersteller. Welche Stufe Ihres Herdes der jeweils angegebenen Temperatur entspricht, entnehmen Sie bitte der Gebrauchsanweisung.

Schoko-Frischkäse-Muffins

Muffins mit Füllung – eine Überraschung für Ihre Gäste.

Auch zum Nachmittagskaffee

Zutaten für etwa 12 Stück:
Für die Füllung:
150 g Frischkäse • 1 1/2 Eßl. Zucker
1 Päckchen Bourbon-Vanillezucker
Für den Teig:
200 g Mehl (Type 405)
2 Teel. Backpulver
1/2 Teel. Natron • 4 Eßl. Kakaopulver
1 Ei • 160 g brauner Zucker
100 ml neutrales Öl • 300 g Buttermilch
Für die Backform:
Öl oder 12 Papier-Backförmchen
Für die Verzierung:
200 g Zartbitter-Kuvertüre
Vollmilch-Schokostreusel

- Zubereitungszeit: etwa 20 Minuten
- Backzeit: 20–25 Minuten

Pro Stück etwa: 1400 kJ/330 kcal

!

Bei allen Muffins-Rezepten können Sie statt 100 ml Öl etwa 100 g weiche Butter verwenden. Mit Butter erhalten die Muffins ein anderes Aroma – entscheiden Sie selbst, wie sie Ihnen besser schmecken.

1

Den Backofen auf 180° vorheizen. Die Vertiefungen des Muffinsblechs einfetten oder Backförmchen hineinsetzen.

2

In einer kleinen Schüssel den Frischkäse mit Zucker und Vanillezucker schaumig schlagen.

3

In einer weiteren Schüssel das gesiebte Mehl, Backpulver, Natron und Kakaopulver sorgfältig vermischen.

4

Das Ei in einer großen Schüssel aufschlagen und leicht verquirlen. Den braunen Zucker, das Öl und die Buttermilch hinzufügen und gut vermischen. Dann die Mehlmischung vorsichtig unterheben (Seite 19).

5

Ein Viertel des Teiges in den Blech-Vertiefungen verteilen. Dann jeweils 1 Teelöffel Füllung daraufgeben und mit Teig auffüllen. Im Backofen (Mitte, Umluft 160°) 20–25 Minuten backen.

6

Die Muffins aus dem Blech nehmen und auf einem Kuchengitter abkühlen lassen. Die Kuvertüre in Stückchen hacken und in einem hohen Töpfchen im heißen Wasserbad unter Rühren schmelzen. Die Muffins in die Kuvertüre tauchen und etwas antrocknen lassen, dann mit Schokostreuseln bestreuen.

Mandel-Kirsch-Muffins

Knackig-fruchtige Köstlichkeiten für das Kaffeekränzchen.

Raffiniert

Zutaten für etwa 12 Stück:
140 g Mehl (Type 405)
120 g Vollkornmehl
2 1/2 Teel. Backpulver • 1/2 Teel. Natron
1/4 Teel. Muskatnuß, frisch gerieben
60 g gehackte Mandeln
1 Glas Süß- oder Sauerkirschen (350 g Abtropfgewicht) • 1 Ei
150 g brauner Zucker
100 ml Öl • 275 g Buttermilch
1/4 Teel. Bittermandelextrakt
Für den Belag:
60 g gehackte Mandeln
12 entsteinte Kirschen nach Belieben
Für die Backform:
Öl oder 12 Papier-Backförmchen

- Zubereitungszeit: etwa 20 Minuten
- Backzeit: 20–25 Minuten

Pro Stück etwa: 720 kJ/170 kcal

!

Wenn Sie es vollwertig lieben, können Sie ausschließlich 260 g Vollkornmehl verwenden. Fügen Sie dann noch etwa 50 g Buttermilch hinzu. Nehmen Sie nur Auszugsmehl, brauchen Sie insgesamt nur etwa 250 g Buttermilch.

1

Den Backofen auf 180° vorheizen. Die Vertiefungen des Muffinsblechs einfetten oder Papier-Backförmchen hineinsetzen.

2

Das Mehl in eine Schüssel sieben, mit Vollkornmehl, Backpulver, Natron, Muskat und gehackten Mandeln sorgfältig vermischen (Seite 18).

3

Die Kirschen in ein Sieb schütten, gut abtropfen lassen und in kleine Stückchen schneiden.

4

In einer weiteren, großen Schüssel das Ei aufschlagen und leicht verquirlen. Dann den Zucker, das Öl, die Buttermilch, den Bittermandelextrakt und die Kirschen hinzufügen und gut vermischen. Die Mehlmischung dazugeben und vorsichtig unterheben (Seite 19).

5

Den Teig in die Blech-Vertiefungen einfüllen. Darauf gehackte Mandeln streuen und nach Belieben jeweils 1 Kirsche setzen. Im Backofen (Mitte, Umluft 160°) 20–25 Minuten backen.

6

Die Muffins etwa 5 Minuten im Backblech ruhen lassen, dann aus den Förmchen nehmen und noch warm servieren.

Orangen-Muffins

Fruchtige Muffins, die warm am besten schmecken.

Braucht etwas Zeit

Zutaten für etwa 12 Stück:
260 g Mehl (Type 405)
2 Teel. Backpulver
1/2 Teel. Natron
2 Teel. unbehandelte, abgeriebene Orangenschale
3 mittelgroße Orangen
1 Ei
150 g brauner Zucker
100 ml neutrales Öl
250 g Buttermilch
Für die Backform:
Öl oder 12 Papier-Backförmchen

- Zubereitungszeit: etwa 25 Minuten
- Backzeit: 20–25 Minuten

Pro Stück etwa: 940 kJ/220 kcal

!

Bitte achten Sie auf eine hohe Temperatur zu Beginn der Backzeit. Das Vorheizen ist beim normalen Elektroherd wichtig – die Muffins gehen dadurch besser auf. Nach 10–15 Minuten können Sie auf etwa 160° (Umluft 140°) zurückschalten.

1

Den Backofen auf 180° vorheizen. Die Vertiefungen des Muffinsblechs einfetten oder Papier-Backförmchen hineinsetzen.

2

Das Mehl in eine Schüssel sieben und mit Backpulver, Natron und Orangenschale sorgfältig vermischen.

3

Die Orangen schälen, enthäuten und in kleine Stückchen schneiden (Seite 34).

4

In einer weiteren, großen Schüssel das Ei aufschlagen und leicht verquirlen. Dann Zucker, Öl, Buttermilch und die Orangenstückchen dazugeben und vermischen. Zuletzt die Mehlmischung hinzufügen und vorsichtig unterheben (Seite 19).

5

Den Teig in die Blech-Vertiefungen einfüllen. Im Backofen (Mitte, Umluft 160°) in 20–25 Minuten goldgelb backen.

6

Die Muffins im Backblech etwa 5 Minuten ruhen lassen, aus den Förmchen nehmen und warm servieren.

Zitronen-Kokos-Muffins

Diese Muffins bringen den sonnigen Süden nach Hause.

Gelingt leicht

Zutaten für etwa 12 Stück:
250 g Mehl (Type 405)
2 Teel. Backpulver • 1/2 Teel. Natron
1 Messerspitze Muskatnuß, frisch gerieben
abgeriebene Schale von 1 unbehandelten Zitrone
50 g Kokosflocken
1 Ei • 160 g brauner Zucker
100 ml neutrales Öl
350 g Buttermilch
1 Eßl. Zitronensaft
Für die Backform:
Öl oder 12 Papier-Backförmchen
Für die Verzierung:
150 g Puderzucker
2 1/2 Eßl. Zitronensaft
4 Eßl. Kokosflocken

- Zubereitungszeit: etwa 15 Minuten
- Backzeit: 20–25 Minuten

Pro Stück etwa: 1200 kJ/290 kcal

!

In einem Plastikbehälter luftdicht verpackt bleiben Muffins am längsten frisch und feucht.

1

Den Backofen auf 180° vorheizen. Die Vertiefungen des Muffinsblechs einfetten oder Papier-Backförmchen hineinsetzen.

2

Das Mehl in eine Schüssel sieben und mit Backpulver, Natron, Muskat, Zitronenschale und Kokosflocken sorgfältig vermischen.

3

In einer weiteren, großen Schüssel das Ei aufschlagen und kurz verquirlen. Den Zucker, das Öl, die Buttermilch und den Zitronensaft hinzufügen und alles gut verrühren. Die Mehlmischung vorsichtig unterheben (Seite 19).

4

Den Teig in die Blech-Vertiefungen einfüllen. Im Backofen (Mitte, Umluft 160°) in 20–25 Minuten goldgelb backen.

5

Die Muffins im Backblech etwa 5 Minuten ruhen lassen, aus den Förmchen nehmen und auf einem Kuchengitter auskühlen lassen.

6

Für die Verzierung den Puderzucker mit dem Zitronensaft zu einem glatten Guß verrühren. Die Muffins mit einem Backpinsel mit dem Puderzuckerguß bestreichen und mit den Kokosflocken bestreuen.

Erdbeer-Walnuß-Muffins

Im Sommer, während der Erdbeersaison, ein Hochgenuß.

Auch zum Nachmittagskaffee

Zutaten für etwa 12 Stück:
140 g Mehl (Type 405)
120 g Vollkornmehl
2 Teel. Backpulver
1/2 Teel. Natron
1/2 Teel. Zimtpulver
60 g gehackte Walnüsse
200 g Erdbeeren
1 Ei
180 g brauner Zucker
100 ml neutrales Öl
1 Päckchen Bourbon-Vanillezucker
250 g Joghurt
Für die Backform:
Öl oder 12 Papier-Backförmchen

- Zubereitungszeit: etwa 15 Minuten
- Backzeit: 20–25 Minuten

Pro Stück etwa:1100 kJ/260 kcal

!

Anstelle des braunen Zuckers können Sie auch weißen verwenden.

1

Den Backofen auf 180° vorheizen. Die Vertiefungen des Muffinsblechs einfetten oder Papier-Backförmchen hineinsetzen.

2

Das Mehl in eine Schüssel sieben, mit Vollkornmehl, Backpulver, Natron, Zimt und Nüssen sorgfältig vermischen.

3

Die Erdbeeren waschen, die Stiele entfernen und die Früchte in grobe Stückchen schneiden. In einer weiteren, großen Schüssel das Ei aufschlagen und leicht verquirlen. Den Zucker, das Öl, den Vanillezucker und den Joghurt hinzufügen und gut verrühren.

4

Die Mehlmischung dazugeben und nur so lange unterrühren, bis sie feucht ist. Zuletzt die Erdbeerstückchen vorsichtig unterheben (Seite 19).

5

Den Teig in die Blech-Vertiefungen einfüllen und im Backofen (Mitte, Umluft 160°) in 20–25 Minuten goldgelb backen.

6

Die Muffins im Backblech etwa 5 Minuten ruhen lassen, aus den Förmchen nehmen und warm servieren.

Bananen-Schoko-Muffins

Diese bunten Muffins sind der Hit beim Kindergeburtstag.

Dekorativ

Zutaten für etwa 12 Stück:
Für den Teig:
200 g Mehl (Type 405)
2 Teel. Backpulver
1/2 Teel. Natron
1/4 Teel. Zimtpulver
3 Eßl. Kakaopulver
1 Ei
175 g brauner Zucker
100 ml neutrales Öl
125 g Buttermilch
3 mittelgroße, reife Bananen
Für die Backform:
Öl oder 12 Papier-Backförmchen
Für die Verzierung:
200 g Vollmilch-Kuvertüre
etwa 90 Smarties

- Zubereitungszeit: etwa 15 Minuten
- Backzeit: 20–25 Minuten

Pro Stück etwa:1300 kJ/310 kcal

!

Sie können mit den Smarties auch witzige Motive formen, zum Beispiel lachende Gesichter (Seite 35).

1

Den Backofen auf 180° vorheizen. Die Vertiefungen des Muffinsblechs einfetten oder Papier-Backförmchen hineinsetzen.

2

Das Mehl in eine Schüssel sieben und mit Backpulver, Natron, Zimt und Kakaopulver sorgfältig vermischen.

3

In einer weiteren, großen Schüssel das Ei aufschlagen und leicht verquirlen. Dann den Zucker, das Öl und die Buttermilch hinzufügen und gut vermischen.

4

Die Bananen schälen, mit einer Gabel zerdrücken, zur Masse geben und kurz unterrühren. Zuletzt die Mehlmischung hinzufügen und vorsichtig unterheben (Seite 19).

5

Den Teig in die Blech-Vertiefungen einfüllen und im Backofen (Mitte, Umluft 160°) 20–25 Minuten backen.

6

Die Muffins aus dem Blech nehmen und auf einem Kuchengitter abkühlen lassen. Die Kuvertüre in Stückchen hacken und in einem hohen Töpfchen im heißen Wasserbad unter Rühren schmelzen. Die Muffins in die Kuvertüre tauchen, etwas antrocknen lassen und dann mit Smarties dekorieren (Seite 35).

Heidelbeer-Muffins

Diese Muffins sind die bekanntesten und beliebtesten in den USA.

Klassiker

Zutaten für etwa 12 Stück:
200 g Mehl (Type 405)
60 g feine Haferflocken
2 Teel. Backpulver
1/2 Teel. Natron
1 Glas Heidelbeeren (200 g Abtropfgewicht; oder frische oder tiefgekühlte Heidelbeeren, nicht aufgetaut!)
2 Eier
180 g brauner Zucker
150 g weiche Butter
1 Päckchen Bourbon-Vanillezucker
300 g saure Sahne
Für die Backform:
Öl oder 12 Papier-Backförmchen

- Zubereitungszeit: etwa 15 Minuten
- Backzeit: 20–25 Minuten

Pro Stück etwa: 1100 kJ/260 kcal

!

Muffins sind im Kühlschrank bis zu einer Woche haltbar. Sie eignen sich auch hervorragend zum Einfrieren.

1

Den Backofen auf 180° vorheizen. Die Vertiefungen des Muffinsblechs einfetten oder Papier-Backförmchen hineinsetzen.

2

Das Mehl in eine Schüssel sieben und mit Haferflocken, Backpulver und Natron sorgfältig vermischen.

3

Heidelbeeren aus dem Glas in einem Sieb abtropfen lassen, frische Beeren verlesen.

4

In einer weiteren, großen Schüssel die Eier aufschlagen und leicht verquirlen. Dann den Zucker, die Butter, den Vanillezucker und die saure Sahne dazugeben und gut verrühren. Die Mehlmischung unterrühren (Seite 19). Zuletzt die Heidelbeeren sehr vorsichtig unter den Teig heben (Seite 19).

5

Den Teig sofort in die Blech-Vertiefungen einfüllen. Im Backofen (Mitte, Umluft 160°) in 20–25 Minuten goldgelb backen.

6

Die Muffins im Backblech etwa 5 Minuten ruhen lassen, dann aus den Förmchen nehmen und noch warm servieren.

Grundrezept

1 Den Backofen vorheizen. Die Vertiefungen des Muffinsblechs einfetten oder Papierförmchen hineinsetzen.

2 Das Auszugsmehl sieben. Mehl, Backpulver, Natron, Gewürze und eventuell Nüsse in eine Schüssel geben.

3 Diese Mehl-Gewürz-Mischung sorgfältig mit einem Kochlöffel verrühren.

4 Die restlichen Zutaten, wie Ei, Öl, Zucker, Buttermilch oder Joghurt und Früchte, bereitstellen.

5 Das Ei in einer großen Schüssel aufschlagen und leicht verquirlen. Mit Zucker, Öl, Buttermilch oder Joghurt gut vermischen.

6 Die Mehlmischung einrühren und zuletzt das Obst vorsichtig unterheben. Den Teig nicht zu lange rühren, damit die Muffins schön locker werden.

7 Den Teig sofort in die Blech-Vertiefungen einfüllen – die Muffins werden dadurch schön feucht. Dann im Backofen (Mitte) 20–25 Minuten backen.

8 Muffins schmecken am besten ganz frisch. Werden sie erst später gegessen, können Sie sie im Mikrowellenherd in etwa 1 Minute oder im Backofen in 3–5 Minuten aufwärmen.

Nuß-Muffins mit Ahornsirup

Diese Muffins schmecken frisch aus dem Ofen am besten.

Spezialität aus Kanada

Zutaten für etwa 12 Stück:
100 g Mehl (Type 405)
90 g Vollkornmehl
2 Teel. Backpulver
1/2 Teel. Natron
80 g gehackte Walnüsse
1 Ei
50 g brauner Zucker
100 ml neutrales Öl
75 ml Ahornsirup
250 g Joghurt
120 g Buttermilch
1/2 Teel. Bittermandelextrakt
40 g Weizenkleie
Für den Belag:
12 Walnußhälften
Für die Backform:
Öl oder 12 Papier-Backförmchen

- Zubereitungszeit: etwa 20 Minuten
- Backzeit: 20–25 Minuten

Pro Stück etwa: 1200 kJ/290 kcal

!

Ahornsirup erhalten Sie in den meisten Supermärkten und im Reformhaus. Er stammt aus den Ahornwäldern Kanadas.

1

Den Backofen auf 180° vorheizen. Die Vertiefungen des Muffinsblechs einfetten oder Papier-Backförmchen hineinsetzen.

2

Das Mehl in eine Schüssel sieben und mit Vollkornmehl, Backpulver, Natron und Nüssen sorgfältig vermischen.

3

In einer weiteren, großen Schüssel das Ei aufschlagen und leicht verquirlen. Den Zucker, Öl, Ahornsirup, Joghurt, Buttermilch, Bittermandelextrakt und Kleie hinzufügen und gut vermischen. Die Teigmasse 5–10 Minuten quellen lassen. Dann die Mehlmischung vorsichtig unterheben (Seite 19).

4

Den Teig in die Blech-Vertiefungen einfüllen. Darauf je 1 Walnußhälfte setzen. Im Backofen (Mitte, Umluft 160°) 20–25 Minuten backen.

5

Die Muffins im Backblech etwa 5 Minuten ruhen lassen. Dann aus den Förmchen nehmen und warm servieren.

Ananas-Kokos-Muffins

Zu den saftigen Muffins paßt der fruchtig-tropische Drink »Piña Colada«.

Exotisch

Zutaten für etwa 12 Stück:
200 g Mehl (Type 405)
2 Teel. Backpulver
1/2 Teel. Natron
50 g Kokosflocken
250 g Ananasscheiben (aus der Dose)
1 Ei
150 g brauner Zucker
100 ml neutrales Öl
250 g Joghurt
1 Eßl. Rum nach Belieben
Für die Backform:
Öl oder 12 Papier-Backförmchen

- Zubereitungszeit: etwa 15 Minuten
- Backzeit: 20–25 Minuten

Pro Stück etwa: 1000 kJ/240 kcal

!

Natron erhalten Sie in jedem größeren Lebensmittelgeschäft oder Supermarkt.

1

Den Backofen auf 180° vorheizen. Die Vertiefungen des Muffinsblechs einfetten oder Papier-Backförmchen hineinsetzen.

2

Das Mehl in eine Schüssel sieben und mit Backpulver, Natron und Kokosflocken sorgfältig vermischen.

3

Die Ananasscheiben in ein Sieb schütten, gut abtropfen lassen und in kleine Stückchen schneiden.

4

In einer weiteren, großen Schüssel das Ei aufschlagen und leicht verquirlen. Dann Zucker, Öl, Joghurt, nach Belieben den Rum sowie die Ananas bis auf 12 Stückchen hinzufügen und gut verrühren. Die Mehlmischung dazugeben und kurz unterheben (Seite 19).

5

Den Teig in die Blech-Vertiefungen einfüllen. Nach Belieben je 1 Ananasstückchen darauf setzen. Im Backofen (Mitte, Umluft 160°) in 20–25 Minuten goldgelb backen.

6

Die Muffins im Backblech etwa 5 Minuten ruhen lassen, aus den Backförmchen nehmen und warm servieren.

Apfel-Zimt-Muffins

Besonders in den kühlen Monaten werden diese Muffins heiß geliebt.

Braucht etwas Zeit

Zutaten für etwa 12 Stück:
2 mittelgroße Äpfel (etwa 250 g)
140 g Mehl (Type 405)
120 g Vollkornmehl
2 Teel. Backpulver
1/2 Teel. Natron
1 1/2 Teel. Zimtpulver
1 Päckchen Bourbon-Vanillezucker
80 g gehackte Walnüsse
1 Ei
150 g brauner Zucker
100 ml neutrales Öl
300 g Buttermilch
Für den Belag:
12 Walnußhälften oder gehackte Walnüsse
Für die Backform:
Öl oder 12 Papier-Backförmchen

- Zubereitungszeit: etwa 25 Minuten
- Backzeit: 20–25 Minuten

Pro Stück etwa: 1100 kJ/260 kcal

!

Sie können für Muffins auch Weinsteinbackpulver verwenden – es ist phosphatfrei und sehr gut verträglich.

1

Den Backofen auf 180° vorheizen. Die Vertiefungen des Muffinsblechs einfetten oder Papier-Backförmchen hineinsetzen.

2

Die Äpfel waschen, schälen, die Kerngehäuse entfernen, die Äpfel halbieren, zuerst in Scheibchen und dann in kleine Stückchen schneiden.

3

Das Mehl in eine Schüssel sieben und mit Vollkornmehl, Backpulver, Natron, Zimt, Vanillezucker, gehackten Nüssen und Apfelstückchen vermischen.

4

In einer weiteren, großen Schüssel das Ei aufschlagen und leicht verquirlen. Dann den Zucker, das Öl und die Buttermilch dazugeben und alles sorgfältig vermischen. Zuletzt die Mehlmischung hinzufügen und sehr vorsichtig unterheben (Seite 19).

5

Den Teig in die Blech-Vertiefungen einfüllen. Jeweils 1 Walnußhälfte darauf setzen oder gehackte Nüsse darüber streuen. Im Backofen (Mitte, Umluft 160°) 20–25 Minuten backen.

6

Die Muffins im Backblech etwa 5 Minuten ruhen lassen, aus den Förmchen nehmen und warm servieren.

Pfirsich-Muffins

Diese fruchtige Variation können Sie zu jeder Jahreszeit zubereiten.

Raffiniert

Zutaten für etwa 12 Stück:
140 g Mehl (Type 405)
120 g Vollkornmehl
2 Teel. Backpulver
1/2 Teel. Natron
1/2 Teel. Zimtpulver
250 g Pfirsiche (frisch oder aus der Dose)
1 Ei
150 g brauner Zucker
100 ml neutrales Öl
250 g saure Sahne
oder 185 g Buttermilch
1/2 Teel. Bittermandelextrakt oder
1 Eßl. Whiskey
Für den Belag:
etwa 4 Eßl. brauner Zucker
Für die Backform:
Öl oder 12 Papier-Backförmchen

- Zubereitungszeit: etwa 15 Minuten
- Backzeit: 20–25 Minuten

Pro Stück etwa: 1100 kJ/260 kcal

!

Rühren Sie den fertigen Teig nur so lange wie unbedingt nötig, damit die Muffins schön locker werden.

1

Den Backofen auf 180° vorheizen. Die Vertiefungen des Muffinsblechs einfetten oder Papier-Backförmchen hineinsetzen.

2

Das Mehl in eine Schüssel sieben und mit Vollkornmehl, Backpulver, Natron und Zimt sorgfältig vermischen.

3

Die Pfirsichhälften in einem Sieb abtropfen lassen und in kleine Stückchen schneiden. Frische Früchte waschen, halbieren, die Kerne entfernen und die Pfirsiche in Stückchen schneiden.

4

In einer weiteren, großen Schüssel das Ei aufschlagen und leicht verquirlen. Dann Zucker, Öl, saure Sahne oder Buttermilch, Bittermandelextrakt oder Whiskey hinzufügen und gut verrühren. Die Mehlmischung dazugeben und kurz einrühren. Zuletzt die Pfirsiche vorsichtig unterheben (Seite 19).

5

Den Teig in die Blech-Vertiefungen einfüllen. Jeweils 1 Teelöffel braunen Zukker darauf streuen. Im Backofen (Mitte, Umluft 160°) 20–25 Minuten backen.

6

Die Muffins im Backblech etwa 5 Minuten ruhen lassen, aus den Förmchen nehmen und warm servieren.

Rübli-Muffins

Diese Muffins erinnern an die saftige Schweizer Rüblitorte.

Dekorativ

Zutaten für 12–18 Stück:
200 g Mehl (Type 405)
120 g Vollkornmehl • 2 Teel. Backpulver
1/2 Teel. Natron • 1 Teel. Zimtpulver
3/4 Teel. gemahlene Nelken
1/2 Teel. Muskatnuß, frisch gemahlen
100 g gehackte Walnüsse oder Pekannüsse
5 mittelgroße Möhren, geraspelt (etwa 200 g) • 1 Ei
160 g brauner Zucker
100 ml neutrales Öl
375 g Buttermilch • 1 Eßl. Zitronensaft
Für die Backform:
Öl oder 12 Papier-Backförmchen
Für die Verzierung:
12 Pekannußhälften (ersatzweise Walnußhälften)

- Zubereitungszeit: etwa 25 Minuten
- Backzeit: 20–25 Minuten

Pro Stück etwa: 1500 kJ/360 kcal

!

Statt mit Pekannüssen können Sie die Muffins auch mit Zuckerguß und Marzipanmöhren verzieren (Seite 35).

1

Den Backofen auf 180° vorheizen. Die Vertiefungen des Muffinsblechs einfetten oder Papier-Backförmchen hineinsetzen.

2

Das Mehl in eine Schüssel sieben und mit Vollkornmehl, Backpulver, Natron, Gewürzen und Nüssen sorgfältig vermischen.

3

Möhren waschen, schälen und fein raspeln. In einer weiteren, großen Schüssel das Ei aufschlagen und leicht verquirlen. Zucker, Öl, Buttermilch, Zitronensaft und Möhren dazugeben und gut vermischen. Zuletzt die Mehlmischung hinzufügen und vorsichtig unterheben (Seite 19).

4

Den Teig in die Blech-Vertiefungen einfüllen. Jeweils 1 Pekannußhälfte darauf setzen. Im Backofen (Mitte, Umluft 160°) in 20–25 Minuten goldgelb backen.

5

Die Muffins im Backblech etwa 5 Minuten ruhen lassen. Dann aus den Förmchen nehmen und auf einem Kuchengitter auskühlen lassen.

Pizza-Muffins

Damit überraschen Sie Ihre Gäste: Muffins pikant!

Braucht etwas Zeit

Zutaten für etwa 12 Stück:
125 g Mozzarella (1 Kugel)
1 große grüne Paprikaschote (etwa 180 g)
1 kleine Zwiebel • 1 Knoblauchzehe
140 g Mehl (Type 405)
120 g Vollkornmehl
2 Teel. Backpulver
1/2 Teel. Natron • 1 Teel. Salz
2 Teel. Pizzagewürz
40 g Parmesan, frisch gerieben
120 g Peperoni- oder Salamiwürfel
1 Ei
50 ml Olivenöl
200 g Buttermilch
110 g passierte Tomaten
Für die Backform: etwas Öl

- Zubereitungszeit: etwa 30 Minuten
- Backzeit: 20–25 Minuten

Pro Stück etwa: 840 kJ/200 kcal

!

Wollen Sie die Muffins erst später essen, so können Sie sie mit frisch geriebenem Käse nochmals etwa 3–4 Minuten im Backofen überbacken.

1

Den Backofen auf 180° vorheizen. Vertiefungen des Muffinsblechs einfetten.

2

Mozzarella in einem Sieb abtropfen lassen, erst in Scheiben schneiden, dann klein würfeln. Paprika halbieren, von Kernen und Trennwänden befreien, waschen und in kleine Würfel schneiden. Die Zwiebel schälen und in kleine Stücke schneiden. Die Knoblauchzehe schälen und mit der Knoblauchpresse in eine Schüssel drücken.

3

Das Mehl in eine Schüssel sieben und mit Vollkornmehl, Backpulver, Natron, Salz, Pizzagewürz, Käse, Paprikawürfeln, Zwiebel, Knoblauch und Peperoni- oder Salamiwürfeln gut vermischen.

4

In einer großen Schüssel das Ei aufschlagen und leicht verquirlen. Öl, Buttermilch und die passierten Tomaten dazugeben und gut vermischen. Zuletzt die Mehlmischung vorsichtig unterheben, bis sie feucht ist (Seite 19).

5

Den Teig in die Blech-Vertiefungen einfüllen. Im Backofen (Mitte, Umluft 160°) 20–25 Minuten backen.

6

Die Muffins im Backblech etwa 5 Minuten ruhen lassen, warm servieren.
Dazu paßt ein frischer Salat.

Mexikanische Mais-Muffins

Diese herzhaften Muffins schmecken am besten zu Chili con carne.

Für Gäste

Zutaten für etwa 12 Stück:
1 mittelgroße grüne Paprikaschote (etwa 180 g)
1 rote Peperoni
130 g Mehl (Type 405)
120 g Maismehl
2 Teel. Backpulver
1/2 Teel. Natron
1 1/2 Teel. Salz
1 Teel. Paprikapulver, rosenscharf, oder Chilipulver
40 g Parmesan, frisch gerieben
100 g Emmentaler, frisch gerieben
2 Eier
125 ml Maiskeimöl
375 g Joghurt
1 Dose Maiskörner (285 g Abtropfgewicht)
Für die Backform:
Öl oder 12 Papier-Backförmchen

- Zubereitungszeit: etwa 30 Minuten
- Backzeit: 20–25 Minuten

Pro Stück etwa: 1100 kJ/260 kcal

1

Den Backofen auf 180° vorheizen. Die Vertiefungen des Muffinsblechs einfetten oder Papier-Backförmchen hineinsetzen.

2

Die Paprikaschote und die Peperoni halbieren, die Kerne und Trennwände entfernen, die Schoten waschen und in sehr kleine Würfel schneiden.

3

Das Mehl in eine Schüssel sieben und mit Maismehl, Backpulver, Natron, Salz, dem Paprika- oder Chilipulver, dem Käse sowie den Paprika- und Peperoniwürfeln sorgfältig vermischen.

4

In einer weiteren, großen Schüssel die Eier aufschlagen und leicht verquirlen. Das Öl, den Joghurt und die Maiskörner dazugeben und gut vermischen. Zuletzt die Mehlmischung hinzufügen und vorsichtig unterheben (Seite 19).

5

Den Teig in die Blech-Vertiefungen einfüllen. Im Backofen (Mitte, Umluft 160°) 20–25 Minuten backen.

6

Die Muffins im Backblech etwa 5 Minuten ruhen lassen, aus den Förmchen nehmen und warm servieren.

Muffins-Backbleche

1 Muffins-Backbleche gibt es in verschiedenen Ausführungen: Weißbleche, dunkle Bleche und die original amerikanischen antihaftbeschichteten Bleche.

2 Es gibt sie in Mini-, Standard- und Texasgröße. Die Rezepte in diesem Buch beziehen sich auf die Standardform mit 12 Vertiefungen von jeweils 7,5 cm Ø.

Orangen vorbereiten

1 Die unbehandelte Orange waschen und die Schale mit einer Reibe vorsichtig abreiben.

2 Die Orangen schälen. Die Haut zusammen mit den Zwischenwänden sorgfältig entfernen. Die Orangenschnitzchen in kleine Stücke schneiden.